# Twice the Magic: Bilingual Swedish Stories for Young Minds

Teakle

Published by Teakle, 2023.

TWICE THE MAGIC: BILINGUAL SWEDISH STORIES FOR YOUNG MINDS

**First edition. June 10, 2023.**



ISBN: 979-8223425380

Written by Teakle.

# Table of Contents

# Introduction

Welcome to "Twice the Magic: Bilingual Swedish Stories for Young Minds," an enchanting collection that invites you on a linguistic and imaginative adventure. In this book, you will embark on a journey through a world of captivating tales presented in both Swedish and English, igniting the magic of storytelling and language learning.

As the pages of this book unfold, you will meet courageous heroes, curious creatures, and experience unforgettable moments that will capture your heart and expand your horizons. Each story is carefully crafted to engage young readers, stimulate their curiosity, and nurture a love for literature.

"Twice the Magic" offers a unique opportunity to explore two languages side by side. With parallel text in Swedish and English, children will have the chance to develop language skills, build vocabulary, and deepen their understanding of both cultures. This bilingual approach not only enhances language learning but also encourages a broader appreciation for diversity and global connectivity.

Whether you are a bilingual family, language enthusiast, or simply eager to embark on a bilingual reading journey, "Twice the Magic" will transport you to magical worlds where words come alive and dreams take flight. Let the power of storytelling in multiple languages kindle your imagination and foster a lifelong love for literature.

We invite you to immerse yourself in the beauty of the Swedish language, and embrace the joy of linguistic exploration. May this book be a source of inspiration, connection, and discovery for young minds and readers of all ages.

Open the cover and let the magic unfold. Welcome to the enchanting world of "Twice the Magic: Bilingual Swedish Stories for Young Minds."

# Den lilla grodans äventyr - The Little Frog's Adventure

*Once upon a time, in a peaceful pond called "Sjöblomman," there lived a little frog named Gustav. Gustav was always curious and loved exploring the world around him.*

En gång i tiden, i en fridfull damm som kallades "Sjöblomman," bodde en liten groda vid namn Gustav. Gustav var alltid nyfiken och älskade att utforska världen omkring sig.

*One sunny morning, Gustav hopped out of the water and onto a lily pad. As he sat there, enjoying the warmth of the sun, he noticed a colorful butterfly fluttering nearby.*

En solig morgon hoppade Gustav upp ur vattnet och på en näckrosblad. Medan han satt där och njöt av solens värme, märkte han en färgglad fjäril som fladdrade i närheten.

*"Hello, little butterfly! What brings you to our pond today?" Gustav asked with a friendly smile.*

"Hej, lilla fjäril! Vad för dig till vår damm idag?" frågade Gustav med ett vänligt leende.

*The butterfly gracefully landed on a nearby flower and replied, "I'm here to tell you about the enchanted forest beyond the meadow. It's a magical place filled with wonders!"*

Fjärilen landade elegant på en närliggande blomma och svarade: "Jag är här för att berätta för dig om den förtrollade skogen bortom ängen. Det är en magisk plats fylld med underverk!"

*Gustav's eyes widened with excitement. He had heard stories about the enchanted forest but had never been there himself. Without wasting another moment, he hopped off the lily pad and bid the butterfly farewell.*

Gustavs ögon vidgades av spänning. Han hade hört berättelser om den förtrollade skogen, men hade aldrig varit där själv. Utan att slösa bort en annan stund hoppade han av näckrosbladet och sa adjö till fjärilen.

*As Gustav made his way through the meadow, he encountered various creatures—a busy bee, a chattering squirrel, and even a wise old owl. They all wished him well on his grand adventure.*

När Gustav färdades genom ängen stötte han på olika varelser - en flitig bi, en pratsam ekorre och till och med en vis gammal uggla. De önskade honom alla lycka till på hans stora äventyr.

*Finally, Gustav arrived at the edge of the enchanted forest. The trees stood tall and majestic, beckoning him to enter. Without hesitation, he took a deep breath and leaped into the unknown.*

Slutligen kom Gustav till kanten av den förtrollade skogen. Träden stod höga och majestätiska och lockade honom att komma in. Utan tvekan tog han ett djupt andetag och hoppade in i det okända.

*Inside the forest, Gustav discovered a world unlike anything he had ever seen. The flowers glowed in vibrant colors, and the animals wore crowns made of leaves. It truly was a magical place!*

Inuti skogen upptäckte Gustav en värld som inte liknade något han hade sett tidigare. Blommorna glödde i levande färger, och djuren bar kronor gjorda av löv. Det var verkligen en magisk plats!

*As he explored deeper, Gustav stumbled upon a shimmering pond. The water was crystal clear, and he could see his reflection. "I found a new home!" Gustav exclaimed joyfully.*

När han utforskade djupare, snubblade Gustav över en skimrande damm. Vattnet var kristallklart, och han kunde se sin spegelbild. "Jag har hittat ett nytt hem!" utropade Gustav glädjefyllt.

*With his newfound friends in the enchanted forest, Gustav lived happily ever after. He would often invite other creatures from his old pond to join him, and together, they would explore the magical wonders of their new home.*

Med sina nyfunna vänner i den förtrollade skogen levde Gustav lyckligt i alla sina dagar. Han bjöd ofta in andra varelser från sin gamla damm att följa med honom, och tillsammans utforskade de de magiska underverken i deras nya hem.

*And so, the little frog's adventure came to an end, but his story would be passed down from generation to generation, reminding everyone that there's always something magical waiting beyond the familiar.*

Så slutade den lilla grodans äventyr, men hans berättelse skulle föras vidare från generation till generation och påminna alla om att det alltid finns något magiskt som väntar bortom det bekanta.

# Den förlorade nyckeln - The Lost Key



*Once upon a time, in a cozy little village called "Solrosviken," lived a young girl named Klara. Klara was known for her adventurous spirit and her love for solving mysteries.*

En gång i tiden, i en mysig liten by som kallades "Solrosviken," bodde en ung flicka vid namn Klara. Klara var känd för sin äventyrliga natur och sin kärlek för att lösa mysterier.

*One sunny morning, Klara was exploring the forest near her house when she stumbled upon a peculiar key lying on the ground. It was golden and ornate, with intricate designs carved into it.*

En solig morgon utforskade Klara skogen nära sitt hus när hon snubblade över en märklig nyckel som låg på marken. Den var gyllene och utsmyckad, med intrikata mönster ingraverade i den.

*Curiosity sparked within Klara's eyes as she picked up the key. "I wonder what this key unlocks," she pondered aloud.*

Nyfikenhet väcktes i Klaras ögon när hon plockade upp nyckeln. "Jag undrar vad denna nyckel låser upp," funderade hon högt.

*With the key in her hand, Klara set off on a quest to uncover its mystery. She asked her friends and neighbors if they knew anything about the key, but no one had seen anything like it before.*

Med nyckeln i handen begav sig Klara ut på en resa för att avslöja dess mysterium. Hon frågade sina vänner och grannar om de visste något om nyckeln, men ingen hade sett något liknande tidigare.

*Determined to solve the puzzle, Klara decided to visit the village elder, wise old Grandma Astrid. Grandma Astrid was known for her knowledge of the village's history and secrets.*

Beslutsam att lösa pusslet beslutade Klara att besöka byns äldste, den visaste gammelmormor Astrid. Gammelmormor Astrid var känd för sin kunskap om byns historia och hemligheter.

*Grandma Astrid listened attentively as Klara shared her discovery. She smiled and said, "My dear Klara, that key belongs to the hidden treasure chest deep within the enchanted cave. Legend has it that the chest contains a special gift for the one who unlocks it."*

Gammelmormor Astrid lyssnade uppmärksamt när Klara delade med sig av sin upptäckt. Hon log och sa: "Kära Klara, den nyckeln tillhör den gömda skattkistan djupt inne i den förtrollade grottan. Legenden säger att kistan innehåller en speciell gåva för den som låser upp den."

*Excitement filled Klara's heart as she embarked on a daring adventure to find the hidden cave. With a map drawn by Grandma Astrid, Klara followed the winding path through the forest, overcoming obstacles along the way.*

Spänning fyllde Klaras hjärta när hon gav sig ut på ett djärvt äventyr för att hitta den gömda grottan. Med en karta ritad av gammelmormor Astrid följde Klara den slingrande stigen genom skogen och övervann hinder på vägen.

*Finally, Klara reached the entrance of the enchanted cave. It was dark and mysterious, but Klara's determination pushed her forward. With the golden key, she unlocked the ancient door, revealing a dazzling sight inside.*

Slutligen nådde Klara ingången till den förtrollade grottan. Den var mörk och mystisk, men Klaras beslutsamhet drev henne framåt. Med den gyllene nyckeln låste hon upp den gamla dörren och avslöjade en bedårande syn inuti.

*The treasure chest, adorned with jewels and shimmering with magic, stood before Klara. She carefully opened it, and inside, she found not gold or gems but a heartfelt note that read, "The greatest treasure is the journey itself."*

Skattkistan, smyckad med juveler och skimrande av magi, stod framför Klara. Hon öppnade den försiktigt och inuti fann hon inte guld eller ädelstenar, utan ett hjärtligt meddelande som löd: "Den största skatten är själva resan."

*Filled with a sense of wonder and gratitude, Klara realized that her adventure had been about more than just finding a treasure. It was about the joy of discovery, the thrill of the unknown, and the lessons learned along the way.*

Fylld av en känsla av undran och tacksamhet insåg Klara att hennes äventyr handlade om mer än att bara hitta en skatt. Det handlade om glädjen i upptäckten, spänningen i det okända och de lärdomar som lärt sig längs vägen.

*And so, Klara returned to Solrosviken, carrying the key and the wisdom she had gained. She shared her story with others, inspiring them to embark on their own journeys of curiosity and exploration.*

Så återvände Klara till Solrosviken, med nyckeln och visdomen hon hade fått med sig. Hon delade med sig av sin historia till andra och inspirerade dem att ge sig ut på sina egna resor av nyfikenhet och utforskning.

*From that day forward, Klara's village became a place where adventure and discovery were celebrated, and the key she had found became a symbol of courage, curiosity, and the endless possibilities that lie within each of us.*

Från den dagen blev Klaras by en plats där äventyr och upptäckt firades, och nyckeln hon hade hittat blev en symbol för mod, nyfikenhet och de oändliga möjligheterna som finns inom oss alla.

# Den magiska draken - The Magical Dragon

*Once upon a time, in the mystical land of Eldoria, there lived a young girl named Emilia. Eldoria was known for its enchanting forests, sparkling rivers, and captivating creatures.*

En gång i tiden, i det mystiska landet Eldoria, bodde en ung flicka vid namn Emilia. Eldoria var känt för sina förtrollande skogar, glittrande floder och fascinerande varelser.

*Emilia had always dreamt of meeting a dragon, the most majestic creature of all. She believed that dragons possessed ancient wisdom and possessed magical powers beyond imagination.*

Emilia hade alltid drömt om att träffa en drake, det mest majestätiska av alla varelser. Hon trodde att drakar hade uråldrig visdom och besatt magiska krafter bortom fantasi.

*One day, as Emilia was exploring a deep forest, she stumbled upon a wounded dragon. Its scales were a vibrant shade of blue, but its wings were drooping, and its eyes were filled with sadness.*

En dag när Emilia utforskade en djup skog snubblade hon över en skadad drake. Dess fjäll var i en livfull nyans av blått, men dess vingar hängde och dess ögon var fyllda av sorg.

*Filled with compassion, Emilia approached the dragon cautiously. She whispered soothing words and gently touched its snout. To her amazement, the dragon's eyes brightened, and it nuzzled against her hand.*

Fylld av medkänsla närmande sig Emilia draken försiktigt. Hon viskade lugnande ord och rörde försiktigt dess nos. Till hennes förvåning lyste drakens ögon upp, och den gned sig mot hennes hand.

*Emilia knew she had to help the dragon. With her tender care and healing herbs, she nursed its wounds back to health. As days passed, a bond of trust and friendship formed between them.*

Emilia visste att hon var tvungen att hjälpa draken. Med sin ömtåliga omsorg och läkande örter tog hon hand om dess sår och återställde dess hälsa. Medan dagarna gick bildades ett band av förtroende och vänskap mellan dem.

*Little did Emilia know that the dragon, named Azura, possessed a unique gift. Azura could create a portal to another realm, a realm filled with wonders and magic. Together, Emilia and Azura embarked on thrilling adventures through the portal.*

Emilia visste inte att draken, vid namn Azura, hade en unik gåva. Azura kunde skapa en portal till en annan värld, en värld fylld av under och magi. Tillsammans begav sig Emilia och Azura ut på spännande äventyr genom portalen.

*In their journeys, they encountered mythical creatures, solved riddles, and helped those in need. Emilia's bravery and kind heart, combined with Azura's magic, brought hope and joy wherever they went.*

I sina äventyr stötte de på mytiska varelser, löste gåtor och hjälpte de som behövde det. Emilias mod och goda hjärta, kombinerat med Azuras magi, skapade hopp och glädje vart de än gick.

*Word of Emilia and Azura's adventures spread far and wide. People from distant lands sought their aid, and they became legendary heroes. But Emilia knew that their greatest achievement was the friendship they shared.*

Ryktet om Emilias och Azuras äventyr spred sig vida omkring. Människor från avlägsna länder sökte deras hjälp, och de blev legendariska hjältar. Men Emilia visste att deras största prestation var den vänskap de delade.

*As years went by, Emilia and Azura continued to explore the realms, spreading love and magic wherever they went. Eldoria transformed into a land of harmony and unity, thanks to their unwavering friendship and the power of their hearts.*

Med åren fortsatte Emilia och Azura att utforska världarna och sprida kärlek och magi vart de än gick. Eldoria förvandlades till ett land av harmoni och enhet, tack vare deras outtröttliga vänskap och kraften i deras hjärtan.

*And so, the tale of Emilia and Azura, the girl and the dragon, echoed through generations, reminding everyone that true friendship and the belief in magic can change the world and create extraordinary adventures.*

Så ekade berättelsen om Emilia och Azura, flickan och draken, genom generationerna och påminde alla om att verklig vänskap och tron på magi kan förändra världen och skapa extraordinära äventyr.

# Den magiska skogen - The Magical Forest



*Deep in the heart of a lush and enchanting forest, there existed a world filled with wonder and mystery. It was a place where animals spoke, trees whispered secrets, and magic danced in the air.*

Långt inne i hjärtat av en frodig och förtrollande skog fanns en värld fylld av förundran och mystik. Det var en plats där djur talade, träd viskade hemligheter och magi dansade i luften.

*In this magical forest, a young girl named Freja discovered an ancient map hidden inside a hollow tree. The map revealed a hidden treasure, said to grant anyone's deepest wish.*

I denna magiska skog upptäckte en ung flicka vid namn Freja en gammal karta gömd inne i ett ihåligt träd. Kartan avslöjade en gömd skatt som sades kunna uppfylla vem som helsts djupaste önskan.

*Eager for adventure, Freja embarked on a quest to find the treasure. As she followed the twists and turns of the map, she encountered talking animals who offered guidance and wisdom along the way.*

Ivrig efter äventyr gav sig Freja ut på en skattjakt. Medan hon följde kartans krumbuktade väg stötte hon på talande djur som erbjöd vägledning och visdom på vägen.

*The first animal she met was a wise old owl perched on a branch. It hooted, "Patience, young one. Trust your instincts, and the forest will reveal its secrets."*

Det första djuret hon mötte var en vis gammal uggla som satt på en gren. Den hoade: "Tålamod, unga varelse. Lita på dina instinkter, och skogen kommer att avslöja sina hemligheter."

*Next, Freja encountered a mischievous squirrel who chattered, "Look beyond what your eyes see, for magic hides in the smallest of places."*

Nästa mötte Freja en busig ekorre som skravlade: "Se bortom det dina ögon ser, för magi gömmer sig i de minsta av platser."

*As Freja ventured deeper into the forest, she met a gentle deer who spoke softly, "Listen to the whispers of the wind, for they carry the songs of the forest and the answers you seek."*

När Freja vandrade djupare in i skogen träffade hon en mild hjort som talade mjukt: "Lyssna till vindens viskningar, för de bär med sig skogens sånger och de svar du söker."

*Following their guidance, Freja crossed babbling brooks, climbed towering trees, and braved dark caves until she reached a hidden glade shimmering with golden light.*

Följande deras råd korsade Freja porlande bäckar, klättrade upp i höga träd och vågade sig in i mörka grottor tills hon nådde en gömd glänta som skimrade i gyllene ljus.

*In the center of the glade, Freja discovered a sparkling gem, the treasure she had sought. Holding it in her hands, she closed her eyes and made her deepest wish from the purest part of her heart.*

I gläntans mitt upptäckte Freja en gnistrande juvel, den skatt hon hade sökt. Med juvelen i sina händer stängde hon sina ögon och gjorde sin djupaste önskan från den renaste delen av sitt hjärta.

*In that moment, the forest seemed to come alive, as flowers bloomed in vibrant colors, and the trees swayed in joy. Freja's wish had been granted, but it wasn't the treasure that mattered most—it was the journey, the wisdom gained, and the magic of the forest that would forever remain in her heart.*

I den stunden verkade skogen komma till liv, då blommor blommade i levande färger och träden svajade av glädje. Frejas önskan hade uppfyllts, men det var inte skatten som betydde mest – det var resan, den visdom hon fått och skogens magi som för alltid skulle bo i hennes hjärta.

# Den modiga havssköldpaddan - The Brave Sea Turtle

*In the crystal-clear waters of the ocean, there lived a young sea turtle named Hugo. Hugo had a deep longing to explore the vastness of the sea and discover its hidden treasures.*

I det kristallklara havets vatten bodde en ung havssköldpadda vid namn Hugo. Hugo längtade djupt efter att utforska havets oändlighet och upptäcka dess gömda skatter.

*But Hugo's family and friends warned him about the dangers that lurked beyond their familiar coral reef. They believed it was safer to stay close to home and not venture too far.*

Men Hugos familj och vänner varnade honom för farorna som lurade bortom deras bekanta korallrev. De ansåg att det var säkrare att stanna nära hemmet och inte ge sig för långt bort.

*Despite their concerns, Hugo's curiosity burned brightly within him. He knew that true adventure awaited him beyond the safety of the reef. With a determined heart, he set off on his journey.*

Trots deras oro brann Hugos nyfikenhet starkt inom honom. Han visste att det sanna äventyret väntade honom bortom revets trygghet. Med ett beslutsamt hjärta gav han sig av på sin resa.

*As Hugo swam farther from the reef, he encountered schools of colorful fish and danced with playful dolphins. The wonders of the ocean surrounded him, fueling his courage to push forward.*

När Hugo simmade längre från revet stötte han på skolor av färgglada fiskar och dansade med lekfulla delfiner. Havets underverk omgav honom och gav honom mod att fortsätta framåt.

*One day, as Hugo explored a vibrant coral garden, he noticed a distressed octopus caught in a fishing net. Without hesitation, he dove into action, using his strong flippers to free the octopus from its entanglement.*

En dag när Hugo utforskade en färgstark korallträdgård märkte han en stressad bläckfisk fast i ett fisknät. Utan att tveka kastade han sig in i handlingen och använde sina kraftiga fenor för att befria bläckfisken från sitt trassel.

*Grateful and amazed, the octopus thanked Hugo and told him about a legendary sunken treasure hidden in the depths of a forgotten shipwreck. It was a treasure that could bring harmony and protection to the ocean.*

Tacksam och förundrad tackade bläckfisken Hugo och berättade för honom om en legendarisk sänkt skatt gömd i djupet av en bortglömd vrak. Det var en skatt som kunde föra harmoni och skydd till havet.

*Driven by a sense of purpose, Hugo embarked on a daring quest to find the sunken treasure. He swam through treacherous currents, maneuvered past dangerous creatures, and braved the darkness of the deep sea.*

Driven av en känsla av syfte gav sig Hugo ut på ett djärvt uppdrag för att hitta den sänkta skatten. Han simmade genom farliga strömmar, manövrerade förbi farliga varelser och vågade sig in i mörkret i djuphavet.

*After facing numerous challenges, Hugo finally reached the shipwreck. Within its rusted hull, he discovered a sparkling pearl, emitting a radiant light. It was the legendary treasure.*

Efter att ha ställts inför många utmaningar nådde Hugo slutligen vraket. Inne i dess rostiga skrov upptäckte han en gnistrande pärla som sände ut ett strålande ljus. Det var den legendariska skatten.

*With great reverence, Hugo retrieved the pearl and carried it back to the reef. As he placed it in a sacred spot, the ocean seemed to come alive with a vibrant energy. The sea creatures rejoiced, and the coral reef thrived with newfound life.*

Med stor vördnad tog Hugo upp pärlan och bar tillbaka den till revet. När han placerade den på en helig plats verkade havet vakna till liv med en livlig energi. Havsvarelserna jublade, och korallrevet frodades av nyfunnet liv.

*Hugo had not only discovered a treasure but also learned the true meaning of bravery and selflessness. From that day forward, he became a guardian of the ocean, protecting its beauty and ensuring its harmony for generations to come.*

Hugo hade inte bara upptäckt en skatt utan också lärt sig den sanna betydelsen av mod och själviskhet. Från den dagen blev han en beskyddare av havet och skyddade dess skönhet och säkerställde dess harmoni för kommande generationer.

# Den magiska musikboxen - The Magical Music Box

*In a small village nestled at the foot of a majestic mountain, there lived a young girl named Emilia. Emilia had a deep love for music and longed to create melodies that would touch people's hearts.*

I en liten by belägen vid foten av ett majestätiskt berg bodde en ung flicka vid namn Emilia. Emilia älskade musik djupt och längtade efter att skapa melodier som skulle beröra människors hjärtan.

*One day, while exploring her grandmother's attic, Emilia stumbled upon an old and dusty music box. It was intricately carved and adorned with sparkling gemstones. Curiosity sparked within her, and she carefully wound up the music box.*

En dag, när Emilia utforskade sin mormors vind, snubblade hon över en gammal och dammig musikbox. Den var intrikat snidad och prydd med gnistrande ädelstenar. Nyfikenhet väcktes inom henne, och hon vevade försiktigt upp musikboxen.

*To her astonishment, as the music began to play, the room was filled with a magical aura. Colors danced in the air, and the melodies spoke a language only Emilia could understand.*

Till sin förvåning, när musiken började spela, fylldes rummet med en magisk aura. Färger dansade i luften, och melodierna talade ett språk endast Emilia kunde förstå.

*As the enchanting music continued, Emilia discovered that she could hear the stories and emotions hidden within each note. It was as if the music box was a portal to another realm, where the power of music held boundless possibilities.*

Medan den förtrollande musiken fortsatte, upptäckte Emilia att hon kunde höra berättelserna och känslorna som dolde sig i varje ton. Det var som om musikboxen var en portal till en annan värld, där musikens kraft hade gränslösa möjligheter.

*Emilia's heart swelled with inspiration, and she dedicated herself to unlocking the full potential of the magical music box. Day and night, she tirelessly composed melodies, pouring her emotions into each composition.*

Emilia kände sig uppfylld av inspiration, och hon ägnade sig åt att låsa upp den magiska musikboxens fulla potential. Dag och natt komponerade hon outtröttligt melodier och lät sina känslor flöda in i varje stycke.

*Word of Emilia's musical prowess spread throughout the village, and soon, people from near and far came to listen to her enchanting melodies. Hearts were healed, tears were shed, and laughter echoed through the village square.*

Ryktet om Emilias musikaliska talang spred sig genom byn, och snart kom människor från när och fjärran för att lyssna till hennes förtrollande melodier. Hjärtan helades, tårar fälldes, och skratt ekade över byns torg.

*One evening, as Emilia performed her most heartfelt composition, the music box glowed with an ethereal light. The melodies soared higher than ever before, and the entire village was bathed in a warm and luminous glow.*

En kväll, när Emilia framförde sin mest hjärtskärande komposition, lyste musikboxen med ett overkligt ljus. Melodierna steg högre än någonsin tidigare, och hela byn badades i ett varmt och lysande sken.

*In that moment, Emilia realized that the true magic of the music box was not in the box itself but within her own heart. The music box had awakened the music that had always resided within her, waiting to be shared with the world.*

I den stunden insåg Emilia att den sanna magin med musikboxen inte låg i själva boxen utan i hennes eget hjärta. Musikboxen hade väckt den musik som alltid funnits inom henne, väntande på att delas med världen.

*From that day forward, Emilia continued to compose beautiful melodies, spreading joy and healing through her music. And the magical music box remained a symbol of her journey—a reminder that the greatest magic lies within us, waiting to be discovered and shared with the world.*

Från den dagen fortsatte Emilia att komponera vackra melodier och sprida glädje och helande genom sin musik. Och den magiska musikboxen förblev en symbol för hennes resa – en påminnelse om att den största magin finns inom oss, väntande på att upptäckas och delas med världen.

# Den lilla stjärnan - The Little Star

*Once upon a time, in a vast and twinkling universe, there was a little star named Stella. She lived among her starry companions, shining brightly in the night sky.*

En gång i tiden, i ett stort och gnistrande universum, fanns det en liten stjärna vid namn Stella. Hon bodde bland sina stjärniga kamrater och lyste klart på natthimlen.

*Stella had a special dream—to explore the galaxies and bring light to the darkest corners of the universe. But she was just a small star, and the other stars told her that her dreams were too big for someone like her.*

Stella hade en speciell dröm – att utforska galaxerna och bringa ljus till universums mörkaste hörn. Men hon var bara en liten stjärna, och de andra stjärnorna sa till henne att hennes drömmar var för stora för någon som henne.

*But Stella's spirit remained undeterred. She believed that even the smallest star could make a difference. With determination in her heart, she embarked on her journey, leaving the familiar constellations behind.*

Men Stellas själ gav sig inte. Hon trodde att även den minsta stjärnan kunde göra skillnad. Med beslutsamhet i sitt hjärta gav hon sig ut på sin resa och lämnade de bekanta stjärnbilderna bakom sig.

*As Stella traveled through the galaxies, she encountered planets, asteroids, and comets. Each celestial body shared its wisdom with her, teaching her about the beauty and vastness of the universe.*

När Stella färdades genom galaxerna stötte hon på planeter, asteroider och kometer. Varje himlakropp delade med sig av sin visdom till henne och lärde henne om universums skönhet och storhet.

*One day, while passing by a distant planet, Stella noticed that its inhabitants were engulfed in darkness. They yearned for a glimmer of hope, a ray of light to guide them.*

En dag, när hon passerade en avlägsen planet, märkte Stella att dess invånare var omslutna av mörker. De längtade efter ett hoppets skimmer, en stråle av ljus att vägleda dem.

*Moved by their plight, Stella gathered all her strength and shone with an intensity she had never reached before. Her radiant light pierced through the darkness, illuminating the planet and filling the hearts of its inhabitants with warmth and joy.*

Rörd av deras plåga samlade Stella all sin styrka och lyste med en intensitet hon aldrig tidigare nått. Hennes strålande ljus trängde igenom mörkret, lyste upp planeten och fyllde invånarnas hjärtan med värme och glädje.

*News of the little star's light spread throughout the universe, inspiring other stars to shine their brightest and bring light to those in need. Stella's act of courage had ignited a chain reaction of hope and kindness.*

Nyheten om den lilla stjärnans ljus spred sig genom hela universum och inspirerade andra stjärnor att lysa som starkast och bringa ljus till dem som behövde det. Stellas modiga handling hade satt igång en kedjereaktion av hopp och vänlighet.)

*From that day forward, Stella became known as the guiding star, leading lost souls and illuminating the paths of the weary travelers. She had proven that even the smallest star could make the universe a brighter place.*

Från den dagen blev Stella känd som ledstjärnan, som ledde vilsekomna själar och lyste upp stigarna för trötta resenärer. Hon hade bevisat att även den minsta stjärnan kunde göra universum till en ljusare plats.

*And so, every night, as people looked up at the starry sky, they would find comfort in knowing that the little star, Stella, was always there, spreading her light and reminding them that even in the vastness of the universe, kindness and courage could change the world.*

Och så, varje natt när människor tittade upp mot den stjärnklara himlen, fann de tröst i vetskapen om att den lilla stjärnan, Stella, alltid fanns där och spred sitt ljus och påminde dem om att även i universums oändlighet kunde vänlighet och mod förändra världen.

# Den förtrollade skogen - The Enchanted Forest

―――

*Deep in the heart of a lush green valley, there lay a mysterious forest. The trees stood tall and proud, their branches intertwining to create a canopy that blocked out the sunlight.*

Djupt inne i hjärtat av en frodig grön dal fanns en mystisk skog. Träden stod höga och stolta, deras grenar flätade samman och skapade ett tak som blockerade solljuset.

*Legend had it that the forest was enchanted, home to magical creatures and hidden treasures. But few dared to venture into its depths, for they believed the tales of bewitching spells and bewilderment.*

Enligt legenden var skogen förtrollad, hem för magiska varelser och gömda skatter. Men få vågade sig in i dess djup, för de trodde på berättelserna om förtrollande besvärjelser och förvirring.

*One day, a young girl named Lily, known for her curious nature, decided to explore the forest. Armed with her imagination and a sense of adventure, she stepped onto the moss-covered path, eager to uncover the secrets within.*

En dag bestämde sig en ung flicka vid namn Lily, känd för sin nyfikna natur, för att utforska skogen. Beväpnad med sin fantasi och en känsla av äventyr, trädde hon in på den mossaöverväxta stigen, ivrig att avslöja hemligheterna inom.

*As Lily journeyed deeper into the forest, she encountered talking animals, each with a tale to tell. A wise owl shared its knowledge, a mischievous squirrel guided her path, and a gentle deer offered her protection.*

Medan Lily färdades djupare in i skogen stötte hon på talande djur, var och en med en historia att berätta. En vis uggla delade med sig av sin kunskap, en busig ekorre ledde henne på vägen, och en mjuk hjort erbjöd henne skydd.

*With the help of her newfound friends, Lily unraveled the enchantment of the forest. She discovered sparkling waterfalls hidden behind veils of mist, meadows adorned with vibrant flowers, and secret groves where time seemed to stand still.*

Med hjälp av sina nyfunna vänner avslöjade Lily skogens förtrollning. Hon upptäckte gnistrande vattenfall gömda bakom slöjor av dimma, ängar smyckade med färgstarka blommor och hemliga lundar där tiden verkade stå stilla.

*But the true magic of the forest revealed itself when Lily stumbled upon a clearing bathed in golden sunlight. In the center stood a majestic tree, its branches stretching towards the heavens. It whispered ancient wisdom to those who listened.*

Men den verkliga magin i skogen avslöjade sig när Lily snubblade över en glänta badad i gyllene solljus. I mitten stod ett majestätiskt träd, vars grenar sträckte sig mot himlen. Det viskade uråldrig visdom till dem som lyssnade.

*With a grateful heart, Lily bid farewell to the enchanted forest. She carried the memories of her journey and the lessons learned deep within her. And though she returned to the world beyond, a part of the forest's enchantment remained with her, igniting her imagination and nurturing her spirit.*

Med ett tacksamt hjärta tog Lily farväl av den förtrollade skogen. Hon bar med sig minnena från sin resa och de lärdomar hon fått djupt inom sig. Och även om hon återvände till världen utanför, förblev en del av skogens förtrollning hos henne, väckande hennes fantasi och närande hennes själ.

# Den magiska sagoboken - The Magical Storybook

*In a small village, nestled between rolling hills and sparkling streams, there lived a young girl named Freya. Freya had an insatiable thirst for adventure and a vivid imagination that painted the world with wonder and magic.*

I en liten by, inbäddad mellan böljande kullar och gnistrande bäckar, bodde en ung flicka vid namn Freya. Freya hade en osläckbar törst efter äventyr och en livlig fantasi som målade världen med förundran och magi.

*One sunny afternoon, while exploring her attic, Freya stumbled upon a dusty old book. Its cover was worn, and its pages whispered with the secrets of countless tales. Curiosity sparked within her, and she carefully opened the book.*

En solig eftermiddag, när hon utforskade sin vind, snubblade Freya över en dammig gammal bok. Dess omslag var slitet, och dess sidor viskade med hemligheterna från otaliga sagor. Nyfikenhet väcktes inom henne, och hon öppnade boken försiktigt.

*To her amazement, as her finger traced the words on the page, the illustrations came to life. Characters leaped off the paper, and magical worlds unfolded before her eyes. It was a book of enchantment—a portal to realms unknown.*

Till hennes förvåning, när hennes finger följde orden på sidan, kom illustrationerna till liv. Karaktärer hoppade ut från papperet, och magiska världar utvecklades framför hennes ögon. Det var en förtrollad bok – en portal till okända riken.

*With each turn of the page, Freya delved into new and wondrous stories. She joined brave knights on noble quests, soared through the skies with mythical creatures, and danced at grand balls in faraway kingdoms.*

Med varje bläddring i boken fördjupade sig Freya i nya och underbara berättelser. Hon anslöt sig till modiga riddare på ädla uppdrag, svävade genom skyn med mytiska varelser och dansade på storslagna baler i avlägsna kungariken.

*But it was in the power of her imagination that Freya discovered her true magic. She began to weave her own stories, breathing life into characters and worlds with her words. The book became a mirror of her own dreams and aspirations.*

Men det var i kraften av sin fantasi som Freya upptäckte sin sanna magi. Hon började väva sina egna berättelser, blåsa liv i karaktärer och världar med sina ord. Boken blev en spegel av hennes egna drömmar och strävanden.

*Word of Freya's storytelling gift spread, and soon children from far and wide gathered to listen to her tales. Her words ignited their imaginations and transported them to realms of wonder and possibility.*

Ryktet om Freyas gåva att berätta spriddes, och snart samlades barn från när och fjärran för att lyssna till hennes sagor. Hennes ord tände deras fantasier och förde dem till riken av förundran och möjligheter.

*And so, Freya continued to weave stories, her book a constant companion on her magical journey. Through her tales, she taught others to embrace their own creativity and find the extraordinary in the ordinary.*

Och så fortsatte Freya att väva sina berättelser, hennes bok som en ständig följeslagare på hennes magiska resa. Genom sina sagor lärde hon andra att omfamna sin egen kreativitet och finna det extraordinära i det vanliga.

*For in the world of stories, imagination knows no bounds, and the magic of words can touch hearts, inspire dreams, and create infinite possibilities.*

Ty i sagornas värld finns det inga gränser för fantasin, och ordens magi kan beröra hjärtan, inspirera drömmar och skapa oändliga möjligheter.

# Den försvunna skatten - The Lost Treasure



*In a small coastal town called Havsglimmer, there lived a group of adventurous friends named Oscar, Emma, and Max. They were known throughout the town for their love of mysteries and their knack for solving puzzles.*

I en liten kuststad vid namn Havsglimmer bodde en grupp äventyrliga vänner vid namn Oscar, Emma och Max. De var kända över hela staden för sin kärlek till mysterier och deras talang för att lösa pussel.

*One sunny afternoon, while exploring the beach, the friends stumbled upon an old, weathered map buried in the sand. It depicted a hidden treasure buried somewhere on a nearby deserted island.*

En solig eftermiddag, när de utforskade stranden, snubblade vännerna över en gammal, väderbiten karta begravd i sanden. Den visade på en gömd skatt som var begravd någonstans på en närliggande öde ö.

*Excitement filled their hearts as they gazed at the map's faded ink, dreaming of the riches and adventure that awaited them. They formed a pact to embark on a treasure hunt together, vowing to uncover the secrets of the lost treasure.*

Spänning fyllde deras hjärtan när de betraktade kartans blekta bläck och drömde om rikedomar och äventyr som väntade dem. De ingick en pakt att ge sig ut på en skattjakt tillsammans och lovade att avslöja hemligheterna om den försvunna skatten.

*Equipped with a compass, shovels, and their unwavering determination, the friends set sail to the deserted island. The journey was filled with turbulent waves and gusty winds, but their spirit remained unyielding.*

Utrustade med en kompass, spadar och sin obevekliga beslutsamhet styrde vännerna ut mot den öde ön. Resan var fylld av stormiga vågor och kraftiga vindar, men deras mod var oföränderligt.

*As they stepped onto the sandy shore, they followed the markings on the map, navigating through dense foliage and treacherous terrain.*

När de klev på den sandiga stranden följde de markeringarna på kartan och navigerade genom tät vegetation och farligt terräng.

*After hours of searching, they stumbled upon an ancient stone door concealed behind thick vines. With a collective effort, they pushed the door open, revealing a hidden chamber adorned with glittering gems and sparkling gold.*

Efter timmar av letande snubblade de över en uråldrig stendörr dold bakom tjocka rankor. Med en gemensam ansträngning sköt de upp dörren och avslöjade en gömd kammare smyckad med glittrande ädelstenar och gnistrande guld.

*Their eyes widened in awe as they realized they had found the lost treasure. But instead of filling their pockets, they marveled at the beauty before them and shared a collective understanding—the true treasure was the journey itself and the bond they had formed.*

Deras ögon vidgades av förundran när de insåg att de hade hittat den försvunna skatten. Men istället för att fylla sina fickor förundrades de över skönheten framför dem och delade en gemensam insikt – den verkliga skatten var själva resan och det band de hade skapat.

*With hearts brimming with joy and memories that would last a lifetime, the friends made their way back to Havsglimmer. The treasure may have been left behind, but the treasure of friendship and shared adventures would forever be cherished in their hearts.*

Med hjärtan som svämmade över av glädje och minnen som skulle vara för evigt, begav sig vännerna tillbaka till Havsglimmer. Skatten kanske lämnades kvar, men skatten av vänskap och delade äventyr skulle för alltid värderas i deras hjärtan.

# Den förtrollade trädgården - The Enchanted Garden

In a quiet village nestled at the edge of a dense forest, there was a house with a magical secret. Behind the house lay a hidden garden, known only to a young girl named Mia. The garden was unlike any other, for it was enchanted with extraordinary plants and mystical creatures.

I en lugn by som låg vid kanten av en tät skog fanns det ett hus med en magisk hemlighet. Bakom huset låg en gömd trädgård, känd endast av en ung flicka vid namn Mia. Trädgården var inte som någon annan, för den var förtrollad med extraordinära växter och mystiska varelser.

Mia's grandmother, who had a deep connection to nature, had passed down the knowledge and caretaking responsibilities of the garden to her. With her grandmother's guidance, Mia learned the secrets of nurturing the plants and befriending the magical creatures that dwelled within.

Mias mormor, som hade en djup koppling till naturen, hade överlämnat kunskapen och skötselansvaret för trädgården till henne. Med sin mormors vägledning lärde sig Mia hemligheterna med att vårda växterna och bli vän med de magiska varelserna som bodde där.

Every morning, Mia would tiptoe into the garden, greeted by the melodious songs of the birds and the gentle whispers of the wind.

*She would water the vibrant flowers, their petals shimmering with colors unseen in the human world. Mia would tend to the towering trees that whispered ancient tales of wisdom.*

Varje morgon skulle Mia smyga in i trädgården, välkomnad av fåglarnas melodiska sång och den mjuka viskningen från vinden. Hon skulle vattna de färgstarka blommorna, vars kronblad skimrade med färger osedda i människovärlden. Mia skulle ta hand om de höga träden som viskade uråldriga visdomsord.

*One day, as Mia wandered deeper into the garden, she discovered a hidden pathway. It led to a small pond, its surface shimmering with magical light. Curiosity took hold of Mia, and she took a step onto the pond's surface. To her astonishment, she began to float above the water, surrounded by a soft glow.*

En dag, när Mia vandrade djupare in i trädgården, upptäckte hon en gömd stig. Den ledde till en liten damm, vars yta skimrade med magiskt ljus. Nyfikenheten tog tag i Mia, och hon tog ett steg ut på dammens yta. Till hennes förvåning började hon sväva över vattnet, omgiven av ett mjukt sken.

*As Mia floated higher, she found herself in a realm where time stood still. The air was filled with laughter and the fluttering wings of tiny fairies. They danced around her, guiding her to a majestic tree in the heart of the enchanted garden.*

När Mia svävade högre befann hon sig i en värld där tiden stod stilla. Luften var fylld av skratt och fladdrande vingar från små älvor. De dansade runt henne och ledde henne till ett majestätiskt träd i hjärtat av den förtrollade trädgården.

*The tree, known as the Tree of Dreams, possessed the power to grant wishes. Mia approached it with reverence and whispered her deepest desire. The tree listened, and its branches rustled in response. Suddenly, a burst of sparkling light enveloped Mia, and she found herself back in the human world.*

Trädet, känt som Drömmarnas Träd, hade kraften att uppfylla önskningar. Mia närmade sig det med vördnad och viskade sin innersta önskan. Trädet lyssnade, och dess grenar viskade till svar. Plötsligt omslöts Mia av en sprakande ljusburst och hon befann sig tillbaka i människovärlden.

*From that day forward, Mia carried the magic of the enchanted garden within her heart. She nurtured the plants and cared for the creatures, sharing the wonders of the garden with others. And though the garden remained hidden from most, its essence bloomed through Mia's kindness and love for nature.*

Från den dagen bar Mia med sig magin från den förtrollade trädgården inom sitt hjärta. Hon vårdade växterna och tog hand om varelserna, delade trädgårdens underverk med andra. Och även om trädgården förblev dold för de flesta, blommade dess essens genom Mias vänlighet och kärlek till naturen.

# Den magiska stenen - The Magical Stone

Once upon a time, there was a little girl named Sara who lived in a peaceful village surrounded by forests and meadows. Every day, she went on adventures in nature, exploring its secrets.

Det var en gång en liten flicka vid namn Sara som bodde i en lugn by omgiven av skogar och ängar. Varje dag gick hon på äventyr i naturen och utforskade dess hemligheter.

*One day, as Sara wandered through the forest, she found a shimmering stone on the ground. It glowed in beautiful shades of blue and green, casting a magical shimmer around it.*

En dag, när Sara vandrade genom skogen, hittade hon en gnistrande sten på marken. Den lyste i vackra nyanser av blått och grönt och verkade sprida ett magiskt skimmer omkring sig.

*Carefully, Sara picked up the stone and felt its warm energy in her hand. She realized it held something special and decided to explore its powers.*

Försiktigt plockade Sara upp stenen och kände dess varma energi i sin hand. Hon insåg att den hade något speciellt med sig och bestämde sig för att utforska dess krafter.

*When Sara held the stone close to her heart, something incredible happened. She felt a tingling sensation spreading through her body, and suddenly, she transformed into a beautiful butterfly.*

När Sara höll stenen nära sitt hjärta, hände något otroligt. Hon kände en pirrande känsla som spred sig genom hennes kropp, och plötsligt förvandlades hon till en vacker fjäril.

*Like a butterfly, Sara flew through the forest, discovering a whole world of colors and scents she had never experienced before. She landed on flowers and danced with the wind, enjoying her new life as a magical butterfly.*

Som en fjäril flög Sara genom skogen och upptäckte en hel värld av färger och dofter som hon aldrig tidigare hade känt. Hon landade på blommor och dansade med vinden, njutande av sitt nya liv som en magisk fjäril.

*But after a while, Sara longed to return to her human form and share her adventures with her friends and family. With one final fluttering flight, she landed on the ground and held the stone once more.*

Men efter en tid längtade Sara efter att återvända till sin mänskliga form och dela sina äventyr med sina vänner och familj. Med en sista fladdrande flykt landade hon på marken och höll stenen igen.

*With a warm glow, the stone enveloped her, and Sara transformed back into her human form. She carried with her the memory of her time as a butterfly and the feeling of freedom it had given her.*

Med ett varmt ljus omslöt stenen henne, och Sara förvandlades tillbaka till sin mänskliga gestalt. Hon bar med sig minnet av sin tid som en fjäril och känslan av frihet som det hade gett henne.

*From that day forward, Sara learned that magic can be found in the most unexpected moments and that it is important to nurture and preserve the nature that had bestowed upon her such wonderful gifts.*

Från den dagen lärde sig Sara att magi kan finnas i de mest oväntade ögonblicken och att det är viktigt att vårda och bevara naturen som gav henne sådana underbara gåvor.

*And as she went on adventures in the forest once more, she always carried the stone with her, a reminder of the magical power within us all and our ability to transform when we open ourselves to the secrets of the world.*

Och när hon gick på äventyr i skogen igen bar hon alltid med sig stenen, en påminnelse om den magiska kraften inom oss alla och vår förmåga att förvandlas när vi öppnar oss för världens hemligheter.

# Emma och den förtrollade trädgården - Emma and the Enchanted Garden

Once upon a time, there was a little girl named Emma who lived in a cozy cottage with her parents. Behind their house, there was an abandoned garden that no one cared for anymore.

Det var en gång en liten flicka vid namn Emma som bodde i en mysig stuga med sina föräldrar. Bakom deras hus fanns en övergiven trädgård som ingen längre brydde sig om.

One day, with her curiosity in full bloom, Emma decided to explore the garden. She wandered among wildflowers and lush bushes, discovering hidden paths and mysterious nooks.

En dag, med sin nyfikenhet i full blom, bestämde sig Emma för att utforska trädgården. Hon vandrade bland vilda blommor och frodiga buskar, upptäckte gömda stigar och mystiska skrymslen.

Suddenly, in the middle of the garden, she came across an enchanting sight. Before her lay a door hidden among winding vines. With trembling hands, she opened the door and was greeted by a breathtaking spectacle.

Plötsligt, mitt i trädgården, stod hon inför en förtrollande scen. Framför henne låg en dörr gömd bland slingrande vinrankor. Med skälvande händer öppnade hon dörren och möttes av ett fantastiskt skådespel.

*There, beyond the door, was a magical garden. Flowers of every color and shape bloomed in full splendor. Trees whispered tales in the wind, and birds sang melodies that could heal the soul.*

Där, bortom dörren, fanns en magisk trädgård. Blommor i alla färger och former blommade i full prakt. Träd viskade sagor i vinden, och fåglar sjöng melodier som kunde läka själen.

*Emma felt a warm sense of joy and belonging. She knew she had found her own special place, where she could dream and grow.*

Emma kände en varm känsla av lycka och tillhörighet. Hon visste att hon hade hittat sin egen speciella plats, där hon kunde drömma och växa.

*Every day, Emma spent hours in the magical garden. She watered the flowers, listened to the wisdom of nature, and learned about the fragility and beauty of life.*

Varje dag tillbringade Emma timmar i den magiska trädgården. Hon vattnade blommorna, lyssnade på naturens visdom och lärde sig om livets skörhet och skönhet.

*Over time, the garden grew and came back to life. The villagers came to visit and enjoy its wonders. The abandoned garden had transformed into a place of joy and community.*

Med tiden växte trädgården och blev levande igen. Byinvånarna kom för att besöka och njuta av dess underverk. Den övergivna trädgården hade förvandlats till en plats för glädje och gemenskap.

*And amidst it all, in the deepest corner of the garden, a special flower bloomed - a flower that existed solely because of Emma's care and love for the garden.*

Och mitt i allt detta, i det djupaste hörnet av trädgården, blommade en särskild blomma - en blomma som bara fanns där tack vare Emmas omtanke och kärlek till trädgården.

*Emma realized that she had the power to awaken beauty in what was abandoned and forgotten. She learned that a small act of care and love can transform the entire world around us.*

Emma insåg att hon hade förmågan att väcka det vackra i det som var övergivet och glömt. Hon lärde sig att en liten handling av omsorg och kärlek kan förvandla hela världen omkring oss.

*And so, Emma continued to nurture the magical garden and inspire others to do the same. For in her heart, she knew that love for nature and its treasures is the most magical thing of all.*

Och så fortsatte Emma att vårda den magiska trädgården och inspirera andra att göra detsamma. För i hennes hjärta visste hon att kärleken till naturen och dess skatter är det mest magiska av allt.

# Den mystiska skattkartan - The Mysterious Treasure Map

*Once upon a time, there was a young boy named Oliver who loved adventures and mysteries. One day, as he walked along the beach, he found an old bottle that had washed ashore.*

Det var en gång en ung pojke vid namn Oliver som älskade äventyr och mysterier. En dag, när han gick längs stranden, hittade han en gammal flaska som sköljts upp på land.

*Curious about what the bottle could hold, Oliver opened it and discovered a mysterious treasure map inside. The map was old and dirty, but there were still traces of shimmering gold and sparkling jewels on it.*

Nyfiken på vad flaskan kunde innehålla, öppnade Oliver den och fann en hemlighetsfull skattkarta inuti. Kartan var gammal och smutsig, men det fanns fortfarande spår av gnistrande guld och blinkande juveler på den.

*Oliver knew he had to follow the map and solve its riddles to find the lost treasure. With courage in his heart and adventure in his eyes, he embarked on a journey through lush jungles, across rushing rivers, and up towering mountains.*

Oliver visste att han måste följa kartan och lösa dess gåtor för att hitta den försvunna skatten. Med mod i sitt hjärta och äventyr i sina ögon begav han sig ut på en resa genom frodig djungel, över brusande floder och upp på höga berg.

*During his journey, Oliver encountered dangerous situations and challenges, but he never gave up. He listened to his intuition and followed the clues on the map, which led him deeper into the unknown.*

På sin resa mötte Oliver farliga situationer och utmaningar, men han gav aldrig upp. Han lyssnade på sin intuition och följde ledtrådarna på kartan, som ledde honom djupare in i det okända.

*After long days and nights of adventure, Oliver finally reached his destination - a hidden cave. With his heart pounding with anticipation, he entered the cave and discovered a treasure chest, shimmering in its most beautiful glory.*

Efter långa dagar och nätter av äventyr kom Oliver äntligen fram till slutmålet - en gömd grotta. Med hjärtat bultande av förväntan gick han in i grottan och upptäckte en skattkista, glittrande i sitt allra vackraste sken.

*But when Oliver opened the treasure chest, he was surprised. Instead of gold and jewels, there was only a letter. The letter told the story of a lost love and how the real treasure was friendship and love.*

Men när Oliver öppnade skattkistan blev han överraskad. Istället för guld och juveler fanns det bara ett brev. Brevet berättade historien om en förlorad kärlek och hur den verkliga skatten var vänskap och kärlek.

*Oliver realized that the journey and the experiences along the way were more valuable than any physical treasure. He realized that friendship and love were the most precious treasures one could have.*

Oliver insåg att resan och upplevelserna längs vägen var värdefullare än någon fysisk skatt. Han insåg att vänskap och kärlek var de mest värdefulla skatterna man kan ha.

*With a sense of fulfillment and gratitude for his adventure, Oliver returned home and shared his story with his loved ones. He realized that the treasure map had led him to a greater discovery - the realization that the real adventure is finding joy and love in the world around us.*

Med en känsla av uppfyllelse och tacksamhet för sitt äventyr återvände Oliver hem och delade sin berättelse med sina nära och kära. Han insåg att skattkartan hade fört honom till en större upptäckt - insikten om att det verkliga äventyret är att hitta glädje och kärlek i världen omkring oss.

# Den magiska fjärilen - The Magical Butterfly

*Once upon a time, there was a little girl named Isabella who loved to explore nature. One day, as she walked through a meadow of flowers, she spotted a beautiful butterfly. But this butterfly was unlike any other butterfly Isabella had seen before - it shimmered in all the colors of the rainbow and left a trail of sparkling dust wherever it flew.*

Det var en gång en liten flicka vid namn Isabella som älskade att utforska naturen. En dag, medan hon gick genom en blomsteräng, fick hon syn på en vacker fjäril. Men den här fjärilen var inte som någon annan fjäril Isabella hade sett förut - den glimmade i alla regnbågens färger och lämnade ett spår av gnistrande damm där den flög.

*Isabella followed the butterfly with excitement. It led her through forests, across rivers, and up tall mountains. The butterfly seemed to want to show her something special. Eventually, it stopped at a hidden clearing surrounded by flowers and lush greenery.*

Isabella följde fjärilen med spänning. Den ledde henne genom skogar, över floder och upp på höga berg. Fjärilen verkade vilja visa henne något speciellt. Till slut stannade den vid en gömd glänta omgiven av blommor och grönska.

*As Isabella approached, she heard a faint tinkling sound. She searched around and discovered a small musical box hidden in a bush. She opened it gently, and a delightful melody filled the air.*

När Isabella kom närmare hörde hon ett svagt klingande ljud. Hon letade runt och upptäckte en liten musikalisk ask gömd i en buske. Hon öppnade den försiktigt och en ljuvlig melodi spreds i luften.

*Suddenly, the butterfly transformed into a beautiful fairy. She told Isabella that she was a magical butterfly and that the box held the power to spread joy and magic throughout the world. The butterfly asked Isabella to take care of the box and use it wisely.*

Plötsligt förvandlades fjärilen till en vacker älva. Hon berättade för Isabella att hon var en magisk fjäril och att asken innehöll kraften att sprida glädje och magi över världen. Fjärilen bad Isabella att ta hand om asken och använda den klokt.

*Isabella was filled with gratitude and a promise to honor the magical gift. She vowed to spread joy and help others with the help of the box's magic. She knew it was a great responsibility, but she was ready to embrace it.*

Isabella var fylld av tacksamhet och löfte att hedra den magiska presenten. Hon lovade att sprida glädje och hjälpa andra med hjälp av askens magi. Hon visste att det var ett stort ansvar, men hon var redo att ta itu med det.

*From that day on, Isabella traveled the world with the magical box. She visited sick children in hospitals, handed out toys to children in need, and spread joy to those who needed it the most. And every time she opened the box, it played a melody that filled hearts with hope and happiness.*

Från den dagen reste Isabella runt i världen med den magiska asken. Hon besökte sjuka barn på sjukhus, delade ut leksaker till barn i behov och spridde glädje till dem som behövde det mest. Och varje gång hon öppnade asken, spelade den en melodi som fyllde hjärtan med hopp och lycka.

*Isabella understood that it is through sharing and spreading love and joy that we can transform the world. She learned that there is magic within all of us, and when we use it to help others, the world becomes a more beautiful and magical place.*

Isabella förstod att det var genom att dela och sprida kärlek och glädje som man kan förvandla världen. Hon lärde sig att det finns en magi inom oss alla, och när vi använder den för att hjälpa andra, blir världen en vackrare och mer magisk plats.